AGBOVE Mawuto wisdom

Réflexions d'une jeunesse en quête de sens...

Par **Wisdom**

Mentions Légales

Titre du livre : Réflexion d'une jeunesse en quête de sens

Nom de l'auteur : AGBOVE Mawuto wisdom

Année de publication : 2024

ISBN : 9789925637577

Droits d'auteur :

Tous droits réservés. Aucune partie de ce livre ne peut être reproduite, stockée ou transmise sous quelque forme que ce soit (électronique, mécanique, photocopie, enregistrement ou autre) sans l'autorisation écrite de l'auteur, sauf dans les cas prévus par la loi.

Dépôt légal :

Publié en Chypre
Contact :(+357) 96708018

Dédicace...

À **Jeannot PEGUEDOU**, un ami qui m'a inspiré et m'a donné envie de m'intéresser à l'art sous toutes ses formes.

Une dédicace spéciale à **Doru Liviu**, un ami qui m'a toujours soutenu et m'encourage dans mes projets. Et je tiens à exprimer ma gratitude envers toutes les autres qui m'ont inspiré et soutenu dans ce projet. Merci à mes proches et amis pour leur confiance et leurs encouragements. Merci également à vous, chers lecteurs, pour avoir pris le temps de plonger dans ces pages. Que ce livre puisse illuminer votre chemin comme l'écriture l'a illuminé pour moi.

À ceux qui cherchent, à ceux qui doutent, et à ceux qui avancent malgré tout.

Préface...

La jeunesse, c'est un voyage étrange, fait de découvertes et de doutes, de moments de lumière et de nuits plus sombres. Ce livre, ce n'est pas une leçon ou une collection de règles à suivre ; c'est un partage. Un espace où je pose sur papier les complexités et les joies de la vie, des sentiments que j'ai traversés, des réflexions que j'ai eues, et des expériences qui m'ont façonné.

Nous sommes nombreux à chercher notre voie, à osciller entre certitudes et hésitations. Au fond, ce n'est pas la réponse qui compte, mais la manière dont on vit chaque question, chaque passage, chaque instant. Si ce livre peut vous parler, c'est parce qu'il résonne de ce que j'ai moi-même vécu, sans prétention d'avoir tout compris, mais avec l'envie sincère de partager ce que j'ai appris en chemin et ce que je pense.

Table des matières

- Mon parcours, ma voix
- Nos histoires entremêlées
- La vie que nous menons
- Beauté et émerveillement
- Les mystères du cœur
- L'art de l'amitié
- Appels à l'aide silencieux
- Noir, blanc et nuances
- Sur le chemin du succès
- L'espérance divine

Introduction...

Pourquoi ce livre ?

Ce livre s'adresse à vous, les jeunes, qui naviguent les défis, les joies et les doutes de la vie moderne. À travers mes propres réflexions et expériences, j'espère offrir des idées qui pourront, d'une manière ou d'une autre, vous aider à mieux comprendre votre parcours, vos choix et les valeurs qui vous animent.

Pour les parents, ce livre pourrait aussi être une fenêtre ouverte sur l'esprit des jeunes aujourd'hui. Je partage ici des sentiments et des points de vue que j'ai moi-même traversés, dans l'espoir que ces mots puissent aussi vous aider à guider, à écouter, et à comprendre les générations futures.

Mon parcours, ma voix...

"Un voyage de mille lieues commence toujours par un premier pas." — Lao Tseu

Dans ce premier chapitre, je vais partager mon histoire. Mon parcours, bien qu'unique, est en réalité une histoire parmi tant d'autres. Chaque jeune porte un vécu, un ensemble de choix, d'erreurs, et de réussites qui, mis ensemble, forment une mosaïque de ce que nous sommes. Pour vous permettre de mieux me comprendre, je vous invite à découvrir d'où je viens, ce que j'ai traversé, et pourquoi ce livre est le reflet de ma propre expérience de la vie.

Né au Togo, un petit pays en Afrique de l'Ouest, dans la ville de Lomé, je m'appelle Wisdom. Je m'identifie comme un jeune en quête de lui-même, qui a quitté son pays avec l'intention d'apprendre, de gagner sa vie, et de réussir. Je suis un jeune qui cherche à être conscient et à progresser, malgré les difficultés et les obstacles rencontrés dans la société.

Depuis longtemps, j'ai su que j'avais des choses à dire, des pensées et des expériences que je voulais partager. Mais, comme beaucoup de jeunes, je ressens parfois des difficultés à m'exprimer face aux autres, surtout face à des inconnus. Ce n'est pas toujours facile de trouver les mots justes, d'ouvrir son cœur, et de se rendre vulnérable. Mon objectif de toucher les gens et de laisser une empreinte positive dans ce monde était déjà clair pour moi, mais la question restait : comment y parvenir ?

Pour moi, l'écriture est devenue la réponse. Lorsque je suis seul, que le bruit du monde se tait, je peux poser sur le papier ce que je ressens, ce que je pense, sans crainte ni réserve. C'est dans ces moments d'isolement que mes idées prennent vie et que je trouve enfin le courage de m'exprimer. L'écriture est devenue mon refuge, un espace où je peux être moi-même et où je peux réellement transmettre ce que j'ai sur le cœur. C'est pour cela que j'ai choisi d'écrire ce livre : parce que c'est par les mots que j'arrive le mieux à raconter notre histoire.

En quittant Lomé pour Chypre, je me souviens encore du mélange de peur et d'excitation qui m'habitait. Je laissais derrière moi ma famille, mes amis, et tout ce que je connaissais pour entrer dans l'inconnu. Les premiers jours étaient marqués par des moments de solitude, mais peu à peu, j'ai rencontré deux amis, des jeunes comme moi, également en quête de réponses et d'opportunités. Nous passions de longues heures à discuter de nos rêves et de ce que nous espérions accomplir. Aucun de nous n'avait de travail à l'époque, et nos projets semblaient aussi flous que l'avenir lui-même.

Un jour, lors de l'une de ces conversations, j'ai partagé mon envie de devenir cuisinier. À ce moment-là, ils ont ri, peut-être en pensant que ce n'était pas un vrai rêve, ou simplement parce qu'ils ne comprenaient pas ce désir. Mais pour moi, ce n'était pas seulement un métier ; c'était une manière de toucher les gens, de partager quelque chose de personnel, même avec des inconnus. Leur réaction m'a d'abord déstabilisé, mais elle m'a aussi motivé. J'ai compris que, même si les autres ne voyaient pas la valeur de mon rêve, cela ne devait pas m'arrêter.

Aujourd'hui, je suis devenu cuisinier, et chaque jour dans cette cuisine est un rappel que croire en soi est la première étape pour accomplir ce que l'on désire. Cette expérience m'a appris que les rêves peuvent paraître fous ou insignifiants aux yeux des autres, mais l'important, c'est la conviction avec laquelle on les poursuit. Parfois, il faut avancer malgré les doutes et les rires, car finalement, ce chemin, c'est le nôtre, et personne d'autre ne peut le tracer pour nous.

Des désirs qui nous animent aux moments de doute, en passant par nos joies, je vais simplement vous parler de nous... C'est notre propre histoire. Mon objectif est clair : marquer et changer quelque chose de positif dans ce monde à travers mes écrits.

Pourtant, ce chemin est loin d'être facile. Nous, les jeunes, nous cherchons souvent notre place dans un monde qui, parfois, semble nous rejeter ou nous ignorer. Que l'on soit chez soi ou ailleurs, les défis sont nombreux. Vivre, c'est aussi affronter les regards, les incompréhensions, et les attentes qui ne nous ressemblent pas toujours. Sur ce chemin, on découvre des vérités qui ne sont pas toujours tendres.

Nos histoires entremêlées...

"Appartenir à l'histoire, c'est aussi porter en soi la haine qu'elle a semée." — *Wisdom Agbove*

Je viens de loin. Et souvent, ce qui fait de moi un étranger n'est pas seulement mon accent ou mes origines, mais ma couleur de peau.

Je suis un sujet de moquerie pour eux. Quand je veux riposter, on me traite de sauvage, d'animal, et même de connard... On me fait comprendre, par des mots et des gestes, que je ne suis pas comme eux. Et quand je demande de l'aide, c'est la même chanson : on me dit que je fais la victime.

Sans raison, je suis haï et abandonné. Les regards, les rires étouffés, les chuchotements m'encerclent comme un poids invisible. Je me demande encore et encore : est-ce ma faute d'être venu au monde ainsi, avec cette peau, ce visage ? Est-ce ma faute si je cherche seulement à exister ?

Parfois, j'ai l'impression que ma simple présence dérange, comme si ma vie était un affront à leurs certitudes. Marcher dans la rue devient une lutte pour ne pas croiser les regards, pour éviter les mots qui blessent, les gestes qui m'effacent. Je voudrais être invisible, juste pour un instant de répit, pour échapper à ce rôle que l'on m'impose sans me connaître.

Il m'arrive de ressentir une colère si profonde qu'elle se transforme en haine. Une haine que je garde en moi, que je ne laisse jamais exploser en public. Je pourrais être frappé, battu, et même tué si je me trouve au mauvais endroit au mauvais moment. Dans ce monde, ma vie semble n'avoir aucune valeur à leurs yeux. Ma souffrance, je le sens, leur donne presque un certain plaisir. Ils veulent que je me conforme, que j'oublie qui je suis pour leur ressembler. Ces règles, cette réalité imposée, tout cela alimente cette haine que je ressens.

Mais cette haine, je la transforme. Elle devient une force silencieuse, celle qui me pousse à écrire, celle qui me permet de poser sur papier ce que je ressens, ce que je vis. L'écriture est mon refuge, là où ma voix peut exister sans peur ni jugement. Chaque mot posé est une manière de résister, de ne pas plier face à cette violence qui me pousse dans l'ombre. Cette haine, loin de me détruire, me garde en vie. Elle me donne le courage de me lever chaque jour, de ne pas baisser les yeux, et de revendiquer mon existence.

Au fil du temps, j'ai appris à voir au-delà de cette haine. Ce que je ressens n'est pas qu'une colère envers ceux qui me rejettent, mais un appel pour moi-même, un besoin de comprendre qui je suis vraiment, malgré ce qu'on essaie de me faire croire. La haine m'a montré une partie de moi, mais elle m'a aussi poussé à chercher plus profondément, à trouver de la fierté dans mon identité, une fierté qui ne dépend plus de leur regard.

Je me bats pour raconter notre histoire, la mienne, la vôtre, celle de tous ceux qui connaissent aussi cette injustice et ce rejet. Que l'on vive ici ou ailleurs, que l'on soit jeune ou adulte, ce sentiment d'être de trop nous unit.

Et peut-être qu'en partageant ces mots, je parviendrai à transformer cette colère en quelque chose de plus grand. Ce qui m'a nourri de rage hier peut devenir ma force aujourd'hui, pour moi et pour tous ceux qui vivent dans l'ombre du rejet. Ce n'est pas la haine qui écrira l'histoire de demain, mais ce que nous aurons fait d'elle.

À travers nos luttes, nos résistances, nous devons apprendre à transformer la colère en une force silencieuse, une énergie qui nous pousse malgré tout à continuer. Cette force, cette résilience que nous portons en nous, doit devenir un compagnon fidèle dans chaque moment d'incertitude, de doute, et de recherche de sens. Mais dans cette marche silencieuse, une autre question s'installe, plus profonde, plus persistante. Car malgré tous nos efforts, il nous arrive de nous sentir figés, comme si le monde entier restait insensible, figé autour de nous.

Avez-vous déjà eu l'impression que rien ne bougeait autour de vous ?

La vie que nous menons...

"Il y a deux choix fondamentaux dans la vie : accepter les choses telles qu'elles sont, ou accepter la responsabilité de les changer." — Denis Waitley

Avez-vous déjà eu l'impression que rien ne bougeait autour de vous ? Le monde continue de tourner, mais rien ne semble avancer pour nous. On aimerait agir, changer les choses, mais les opportunités nous échappent. Et là, on reste à observer notre vie défiler, comme spectateurs. Tête dans les étoiles, mais les pieds cloués au sol. On rêve de transformations, on espère des lendemains différents. Mais en réalité, tout reste figé. C'est la vie que nous menons.

Nous sommes jeunes, pleins d'énergie, de talents, d'ambitions. Mais les regards extérieurs nous jugent. Les autres semblent avancer, pendant que nous faisons du surplace. Pourquoi ? Parce que la chance ne vient pas à nous, parce que notre milieu social nous freine. Et chaque nuit, en cherchant le sommeil, on espère que les rêves nous offriront une échappatoire, mais même eux nous ramènent à notre réalité. C'est une sensation pesante, mais c'est la vie que nous menons.

Je l'ai ressenti plus d'une fois. Quand je regarde autour de moi et que je vois des gens avancer. Certains trouvent des emplois, d'autres décrochent des opportunités, alors que de mon côté, je semble rester figé, prisonnier d'une réalité qui refuse de me lâcher. Des moments comme ceux-là me laissent souvent avec cette question : et moi ? Est-ce que je vais finir par réussir à sortir de cette boucle qui semble sans fin ?

Pourtant, je refuse de renoncer. Ce que je veux, c'est construire un avenir dont je pourrai être fier. Sortir de cette impression de tourner en rond. Je veux juste la possibilité de vivre mes rêves sans jugements, de parler et d'agir sans contraintes. De me réveiller un jour, en me disant que ma vie m'appartient vraiment. Notre génération est prête. Nous voulons marquer le monde et lui laisser un héritage positif. Car si notre réalité est dure, elle n'est pas immuable. Nos expériences, nos luttes nous façonnent et nous rendent plus forts. À travers chaque échec, chaque moment de doute, nous apprenons que l'espoir n'est pas un don que l'on reçoit, mais une force que l'on construit, jour après jour, contre vents et marées.

Alors, gardons cette force. Acceptons que les chemins soient longs, que les obstacles soient nombreux, mais refusons de croire que notre valeur dépend de ce que la société nous accorde. Nous sommes bien plus que les circonstances qui nous entourent. Notre vie, aussi compliquée soit-elle, est entre nos mains. Et chaque jour où nous décidons de ne pas baisser les bras, c'est un jour où nous donnons plus de force à notre futur.

En avançant sur notre chemin, entre les doutes et les défis, il y a quelque chose d'inévitable qui surgit en nous. Arrivés à un certain âge, nous, les jeunes, ressentons cette attirance, ce désir d'aller vers l'autre, de croiser un regard, de rencontrer quelqu'un qui change tout. Une fascination silencieuse qui nous échappe, mais qui semble pourtant nous appeler...

Avez-vous déjà vécu ça ? Moi, pour ma part, je l'ai vécu. Elle était une beauté rare, sur un chemin parsemé d'épines.

Beauté et émerveillement...

"La beauté est une lumière dans le cœur." —
Kahlil Gibran

La première fois que je l'ai vue, sa beauté m'a frappé comme un éclair. C'était une créature si différente, si exceptionnelle, que je n'avais jamais rien vu de tel. Sa beauté me rappelait les étoiles de la nuit, quelque chose d'inaccessible et de mystérieux, comme un rêve qui se tient juste à la frontière du réel. Elle était de celles qui inspireraient les artistes les plus talentueux, car son sourire, son regard, ses yeux, même ses gestes semblaient être de l'art. On aurait dit que le Créateur, dans un moment de génie, avait sculpté chaque détail de sa personne.

À cet instant, j'ai ressenti quelque chose d'inexplicable, quelque chose qui allait au-delà de l'attirance physique. C'était comme si, en la voyant, je redécouvrais la beauté elle-même. En elle, je voyais une présence, une chaleur qui, rien qu'un instant, effaçait toutes les pensées et préoccupations de mon esprit. Pourquoi cette beauté me fascinait-elle tant ? Peut-être parce qu'elle révélait quelque chose que je n'avais jamais pris le temps d'observer dans le monde qui m'entoure.

Un peu timide, mais déterminé à ne pas le regretter, je me suis approché d'elle. Je voulais l'appeler « reine », et dans le même élan, un désir intense de la connaître m'envahissait.

Quand elle a souri, la lumière du jour semblait se refléter sur ses lèvres, et le mystère de sa beauté se nichait dans l'énigme de ses yeux. Face à elle, mes mots m'ont échappé, mes pensées se sont dissipées, et une étrange pâleur s'est emparée de moi.

Alors, je lui ai demandé de se revoir, de marcher ensemble, de parler de tout et de rien, de regarder la nature, de rire à mes blagues, même les plus idiotes… Sa réponse fut un simple « peut-être… »

Elle était une beauté rare, sur un chemin parsemé d'épines.

En y repensant, je réalise combien de fois, à ce moment de notre vie, nous croyons avoir trouvé « la » personne, celle qui pourrait tout changer. Et même si ces rencontres ne durent pas toujours, elles laissent une empreinte, comme une étape précieuse de notre jeunesse. Elles nous apprennent quelque chose sur nous-mêmes, sur la beauté et l'amour, et sur ce que nous recherchons vraiment. Ressentir une telle admiration, c'est une expérience qui nous façonne, qui nous rappelle que notre cœur est bien vivant, prêt à s'émerveiller.

Ces moments, avec les sourires échangés, les éclats de rire partagés, nous offrent bien plus qu'un instant de bonheur. Ils nous donnent l'espoir, la sensation que quelque chose de beau peut toujours se produire, même au milieu de nos incertitudes. Ils deviennent des souvenirs inoubliables, des éclats de joie qui, juste un instant, nous transportent hors de la réalité et nous font oublier nos doutes, nos peurs. C'est cette beauté et cet émerveillement qui font naître en nous un sentiment de liberté, comme si, face à elle, le monde et ses soucis cessaient d'exister.

L'émerveillement des premières rencontres laisse parfois place à quelque chose de plus complexe, une danse de sentiments et d'incertitudes que seul le cœur sait mener. Car si la beauté d'un sourire peut tout enflammer, c'est dans les profondeurs du cœur que résident les mystères, ces secrets que chacun porte en silence, entre amour et hésitations, espoirs et peurs.

Alors, quand la beauté du premier instant se mêle aux énigmes du cœur... que reste-t-il vraiment ?

Les mystères du cœur...

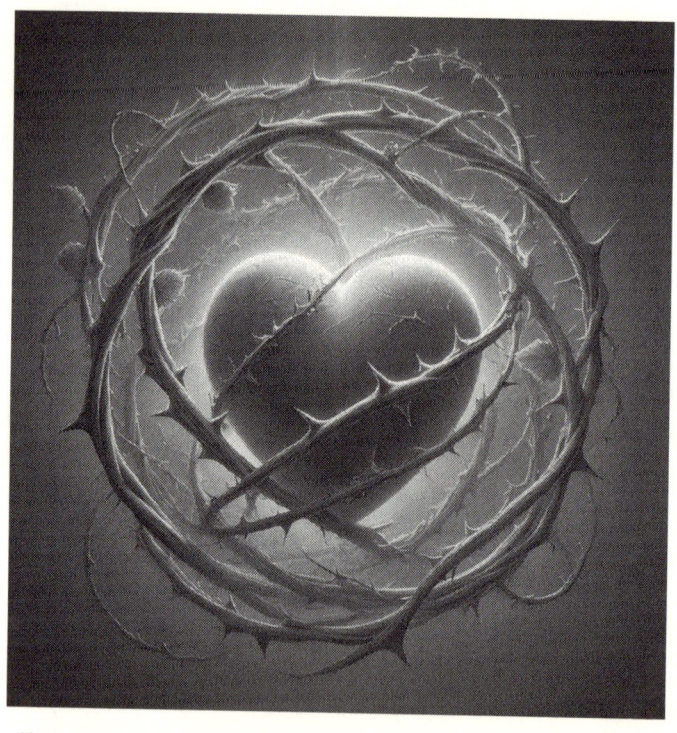

"Quand l'amour vous fait signe, suivez-le, bien que ses chemins soient rudes et escarpés."— *Kahlil Gibran*

Être amoureux, c'est souvent s'aventurer sur un chemin inconnu, où les certitudes vacillent et où les émotions se bousculent. Deux êtres en couple, c'est souvent un mélange de promesses partagées et de doutes silencieux. Ils construisent ensemble, mais chacun avance avec ses propres attentes, ses blessures, ses aspirations. Le cœur plein de rêves, ils découvrent que l'amour n'est pas seulement fait de moments de bonheur, mais aussi d'instants d'incompréhension, de quêtes personnelles et de sacrifices.

Ce chemin d'amour est souvent parcouru entre des élans passionnés et des questionnements sur l'avenir, des instants de complicité et de solitude cachée. Parfois, ce sont les petites habitudes, les incompréhensions, les peurs et les attentes non avouées qui transforment la douceur des débuts en un défi à relever chaque jour.

Un jour, elle décide de partir, et soudain, tu ne te souviens plus que des bons moments passés ensemble. Les éclats de rire, tes blagues les plus idiotes... et tu te dis que sans elle, tu ne pourras pas vivre. Elle n'est plus là ; tu veux la récupérer, mais laisse-moi te dire que le temps a cette mauvaise habitude de filtrer les aspects négatifs des souvenirs pour ne laisser que les positifs.

Tout cela se passe dans ta tête. Moi, je ne fais que les faire ressortir en touchant des points sensibles. Avance, tu trouveras mieux, car tu n'oublieras jamais ce que tu as ressenti lorsqu'elle est partie. Et même si elle revient, ce ne sera plus comme avant ; elle t'a déjà quitté, et cela pourrait recommencer...

Peut-être te demandes-tu si tu mérites ce qui t'arrive, si tout s'effondre autour de toi. Tu te demandes ce que tu as vraiment pu faire pour mériter tout ça. À présent, tu ne te souviens que des mauvais moments récents, des disputes sans fin, des éclats de colère. Mais laisse-moi te dire que le temps a aussi la mauvaise habitude de faire remonter les aspects négatifs des souvenirs quand tu es déjà plongé dans le négatif.

À cet instant, tu hésites entre abandonner et chercher à tout comprendre... à te retrouver.

Tu te dis que tu vas abandonner et te concentrer sur toi-même... Tu trouveras la bonne personne au bon moment, mais attends, et si ça en valait la peine ? Et si c'était vraiment ton âme sœur ? Et si ce n'était qu'un malentendu ? Et si c'était toi qui avais tout gâché ?

Maintenant, tu te chauffes, tu te demandes si je me moque de toi, mais non, tout cela se passe dans ta tête. Je ne fais que toucher les points sensibles. Calme-toi, reprends-toi ; toi seul as vécu cette situation précise, toi seul sais ce qui est juste. Tout cela se passe dans ton esprit. Ne réfléchis pas trop ; au fond, tu sais ce que tu dois faire.

Et moi, ce sourire que je croyais infini, juste un temps, le temps d'un claquement de doigts, tu n'y es plus. Alors pourquoi continuer à jouer aux "lovers" ? On en a quand même profité, et je ne regrette pas une seconde. Ton bonheur est en chemin ; tu es une belle fleur, tu trouveras mieux. Et moi ? Voyons, je suis juste un gars qui ne reste jamais quelque part très longtemps, un gars qui ne sait pas ce qu'il ne cherche ni ce qu'il veut, mais aussi un gars qui t'a vraiment aimé et qui tient à toi.

J'espère un jour te revoir avec ce beau sourire, parce que tu iras loin sans moi. Je ne te méritais pas, et je ne te mérite toujours pas. Instable je suis, et je ne veux pas voir cette pierre précieuse en pièces. Tu es libre, ma beauté, et si je prends cette décision, c'est bien parce que je tiens à toi. Mais t'inquiète, je ne serai pas loin... toujours près de toi, même plus que je ne l'ai jamais été.

Souviens-toi qu'il ne s'agit pas seulement de l'autre, mais aussi de toi, toi qui te tourmentes en pensant longtemps à la même question, au même problème. Allez, lâche prise, laisse-toi aller, laisse le vent t'emporter. Parce qu'au fond, tu sais déjà quoi faire, tu sais que le chemin est devant toi, et qu'il te mène vers une liberté que toi seul peux trouver.

Et rappelle-toi : chaque épreuve laisse en nous une marque, mais ces cicatrices deviennent les traces de notre force intérieure. Elles montrent que nous avons su avancer, malgré tout. Laisse chaque douleur devenir un point de croissance, un signe que la vie continue, et que, peu à peu, tu te reconstruis, pièce par pièce, plus fort qu'avant. C'est ainsi qu'on apprend à se libérer... et à continuer à aimer d'une manière qui nous honore et nous rend plus sages.

Si l'amour explore les mystères du cœur, l'amitié, elle, en révèle la constance et la profondeur. Il existe dans nos vies des relations qui ne demandent rien et donnent pourtant tout. Ces liens simples, tissés au fil du temps, deviennent parfois le socle de notre équilibre. L'amitié est cet art délicat de se choisir, encore et encore, malgré nos différences, malgré les épreuves.

Une amitié véritable se base sur la loyauté, la confiance et l'égalité. Ce sont des relations qui façonnent profondément qui nous sommes, influencent nos choix et deviennent souvent un miroir de ce que nous voulons devenir. Quelle place donnez-vous à vos amitiés ? Et surtout, quel genre d'ami êtes-vous ?

L'art de l'amitié...

"Ne marche pas devant moi, je ne te suivrai peut-être pas. Ne marche pas derrière moi, je ne te guiderai peut-être pas. Marche à mes côtés et sois mon ami." — *Albert Camus*

Il existe dans nos vies des relations qui ne demandent rien et donnent pourtant tout. Ces liens simples, tissés au fil du temps, deviennent parfois le socle de notre équilibre. L'amitié est cet art délicat de se choisir, encore et encore, malgré nos différences, malgré les épreuves.

"Un véritable ami est celui qui entre lorsque le reste du monde sort." — Walter Winchell

Une amitié véritable se base sur la loyauté, la confiance et l'égalité. Ce sont des relations qui façonnent profondément qui nous sommes, influencent nos choix et deviennent souvent un miroir de ce que nous voulons devenir. Quelle place donnez-vous à vos amitiés ? Et surtout, quel genre d'ami êtes-vous ?

Les piliers d'une amitié authentique...

La loyauté est sans doute le fondement le plus solide de toute relation. Être loyal, c'est être présent, même dans les moments difficiles. C'est respecter les secrets, tenir ses promesses et ne pas trahir la confiance. Sans loyauté, une amitié perd son sens.

La confiance découle naturellement de la loyauté. Tu peux faire confiance à un ami sans être totalement loyal, mais être loyal exige une confiance totale. C'est ce mélange subtil qui rend une amitié forte et durable.

Enfin, l'égalité est ce qui maintient une amitié équilibrée. Ce n'est pas une question de contribution identique, mais plutôt de respect réciproque. Une amitié où une personne domine ou impose constamment sa volonté ne peut prospérer.

Les défis de l'amitié...

Comme toute relation humaine, l'amitié n'est pas exempte de défis. Des malentendus, des jalousies, ou même des moments d'éloignement peuvent survenir. Ces épreuves, loin de détruire une amitié, peuvent la renforcer si elles sont affrontées avec maturité et honnêteté.

Reconnaître ses erreurs, pardonner celles des autres, et savoir communiquer sont autant d'outils indispensables pour surmonter les obstacles. Une amitié solide est celle qui, même après une tempête, retrouve son calme et sa force.

L'influence mutuelle : une force ou un obstacle ?

L'influence qu'une amitié peut avoir est souvent sous-estimée. Les discussions, les conseils, les actions que vous partagez avec vos amis ont un impact direct sur votre vie. Alors, vos amitiés vous poussent-elles à évoluer, ou vous retiennent-elles dans un cercle stagnant ?

Une amitié saine repose sur une bonne influence réciproque. Cela ne veut pas dire imposer sa vision ou dominer, mais inspirer, encourager, et soutenir l'autre dans son développement personnel. Dans une vraie amitié, il n'y a ni supériorité ni compétition, seulement un respect mutuel qui favorise l'épanouissement des deux parties.

Respect et égalité : des bases pour durer !

En amitié, tout est question d'équilibre. Une relation où une personne donne tout et l'autre ne fait que recevoir finit par s'effondrer. Ce déséquilibre engendre souvent des frustrations ou des sentiments d'injustice. Être ami, ce n'est pas prendre l'autre en pitié ou le considérer comme inférieur. C'est reconnaître l'autre comme un égal, avec ses forces et ses faiblesses.

Le respect est la clé pour éviter ces écueils. Une amitié où règne le respect est une relation où chacun peut être lui-même sans crainte d'être jugé ou diminué.

L'amitié comme clé du succès.

Une amitié authentique ne se limite pas à un simple réconfort émotionnel. Elle peut devenir un véritable moteur pour réussir dans tous les aspects de votre vie. Être loyal, recevoir cette loyauté, se faire confiance, s'inspirer mutuellement... ce sont des qualités qui, au-delà des amitiés, transforment également la manière dont vous abordez vos projets, vos défis et vos relations avec le monde.

Avoir de bonnes amitiés, c'est poser les bases d'une vie plus équilibrée et plus riche. Ce sont ces relations, simples mais puissantes, qui nous poussent à devenir de meilleures versions de nous-mêmes.

Lorsque nous cultivons de telles relations, nous découvrons que l'amitié est bien plus qu'un simple lien social : elle devient une force qui nous aide à affronter les défis de la vie avec sérénité et courage. Les amis authentiques transforment nos moments de doute en opportunités d'apprendre et de grandir.

En fin de compte, l'amitié est une forme de richesse que rien ne peut remplacer. Cultiver une amitié sincère, c'est investir dans un trésor qui ne s'use jamais et qui, bien souvent, nous rappelle que nous ne sommes jamais vraiment seuls.

Les liens que nous tissons avec les autres nous apportent souvent un soutien inestimable. Mais il arrive parfois que, malgré l'amitié ou les relations qui nous entourent, nous ressentions un vide, une solitude que rien ne semble pouvoir combler. Ces moments de silence, où nos luttes restent invisibles aux yeux des autres, sont souvent les plus lourds à porter.

Dans ce tourbillon de pensées et d'émotions, un appel à l'aide peut être subtil, presque imperceptible : un regard qui fuit, un sourire forcé, une disparition discrète. Mais la question demeure : qui saura le voir, et surtout, qui prendra le temps d'écouter ce que les mots ne peuvent exprimer ?

Appels à l'aide silencieux...

"*Derrière chaque sourire, il y a une tristesse que personne ne voit.*"— *Khalil Gibran*

Parfois, le monde semble s'effondrer autour de nous. On ne se reconnaît plus. Une fatigue écrasante, physique mais aussi spirituelle, s'installe. On ressent le besoin d'aide, mais on ne sait pas vers qui se tourner. Et dans ces moments-là, des questions surgissent : Qui sommes-nous vraiment ? Que faisons-nous ? Que deviendrons-nous ? Et comment trouver notre voie ?

Ces appels silencieux naissent souvent dans les moments de grande vulnérabilité : un échec qui blesse notre confiance, une relation qui s'effondre, ou simplement la sensation écrasante que le monde avance sans nous. Ces luttes, bien qu'invisibles, pèsent lourd sur l'âme. Et pourtant, elles sont souvent ignorées par les autres.

Il ne reste qu'une ligne fine, presque invisible, qui nous sépare de l'abandon. Les rêves, ces fragments d'espoir, deviennent parfois tout ce qui nous maintient en vie. Mais combien de temps peut-on attendre ? Combien de temps peut-on pleurer en silence ? Les âmes s'alourdissent, les cœurs se brisent, et le désespoir s'installe.

Les jours deviennent noirs et les nuits semblent ensanglantées. Les corps refusent de suivre, et les esprits tournent à vide, incapables de trouver une issue. Et parfois, dans cette obscurité, tout semble se teinter de noir et de rouge.

Si tu te sens au bord du gouffre, sache que chaque moment de doute, aussi pesant soit-il, peut être le point de départ d'une transformation. Ces instants où tout semble perdu sont souvent le début d'un renouveau. C'est dans l'obscurité que la lumière trouve tout son éclat. Chaque sourire retrouvé, chaque pas en avant est une victoire sur le silence et la douleur.

Se relever demande du courage, mais ce courage est en toi, en nous tous. Lorsque l'on traverse ces épreuves, on découvre souvent une force insoupçonnée, une capacité à transformer la douleur en moteur, et la solitude en opportunité de mieux se comprendre. Peu importe combien l'obscurité semble dense, il y aura toujours une lumière qui attend d'être découverte.

Après avoir exploré nos luttes personnelles et les appels silencieux, il reste une question que nous rencontrons tous, directement ou indirectement : celle des différences. Dans un monde qui aime catégoriser, réduire et opposer, nous sommes souvent confrontés à des jugements basés sur ce que nous sommes, ou plutôt sur ce que les autres pensent que nous sommes.

Les couleurs, qu'elles soient celles de notre peau ou de nos choix, deviennent parfois des barrières. Mais est-il possible de voir au-delà ? De comprendre que ce qui semble nous séparer peut aussi nous rapprocher ?

Il est temps d'aborder ces nuances, de regarder en face ce qui divise, pour mieux comprendre comment cela pourrait nous unir.

Noir, blanc et nuances...

"Personne ne naît en haïssant une autre personne à cause de la couleur de sa peau, de son origine ou de sa religion. Les gens apprennent à haïr, et s'ils peuvent apprendre à haïr, on peut leur enseigner à aimer."—Nelson Mandela

Stop,

shuuut,

Écoutez-moi attentivement et répondez en toute conscience :

Avez-vous choisi vos parents ?

Avez-vous choisi vos frères et sœurs ?

Avez-vous choisi le pays où vous êtes né ?

Avez-vous choisi d'être homme ou femme ?

Alors, cette couleur de peau que nous avons actuellement, nous ne l'avons pas choisie.

Je viens du Togo et oui... je suis Africain. On le dit tout le temps : « Fier d'être Africain », mais dans la réalité, cette couleur de peau oblige souvent à travailler deux fois plus pour obtenir la moitié de ce que les autres ont. Nous ne pouvons pas changer notre couleur de peau, mais nous pouvons changer la manière dont nous choisissons de l'assumer. Ce n'est pas un choix de naissance, mais c'est un choix de fierté, d'épanouissement et de résilience.

Marcher dans la rue avec de la peur au ventre... Mais dites-moi, comment vivons-nous comme ça ?

Oui, c'est très difficile de réussir dans un pays étranger, ou devrais-je dire dans un pays qui vous rappelle à chaque instant que vous êtes différent. Nous portons des attentes, des regards, des étiquettes, et souvent des jugements qui ne nous appartiennent pas. Acceptons-nous avec nos différences. Car au fond, chacun sait très bien quand il blesse l'autre ou quand il lui fait du bien.

Et je ressens de la pitié lorsque quelqu'un dit : « Salut mon frère, Moi je ne suis pas raciste, j'aime les noirs. »

Mais pourquoi cette précision ? Qui n'aime pas les noirs ? Nous n'avons pas besoin de pitié ni de justification dans nos vies. Nous avons besoin de respect mutuel, tout simplement. Pas besoin de slogans comme « Black Lives Matter » – même si leur intention est noble –, mais cherchons des solutions concrètes pour éliminer la haine de cette société.

Et pourtant, il reste une question à laquelle nous devons faire face : pourquoi la société sème-t-elle encore la haine ? Pourquoi les différences deviennent-elles des barrières plutôt que des ponts ? La jeunesse d'aujourd'hui n'a pas besoin de cette division. Elle a besoin de rêver, de croire en un avenir meilleur, où chaque individu, quelle que soit sa couleur, trouve sa place.

Apprenons à voir au-delà des apparences. Quand nous parlons de race, de couleur ou de différences, nous nous perdons souvent dans des catégories qui simplifient trop la réalité. Mais chaque individu est plus qu'une étiquette, plus qu'une apparence. Nous sommes des rêves, des luttes, des ambitions, des espoirs, et ces choses-là n'ont pas de couleur. Pourtant, la société continue de poser des barrières invisibles mais bien réelles.

Et si nous commencions par nous écouter ? Avant de juger, avant de comparer, avant de discriminer. Nous avons tous une histoire, une douleur, des failles. Pourquoi ne pas bâtir des ponts plutôt que des murs ? Pourquoi ne pas reconnaître que nos différences peuvent être une richesse ? L'acceptation ne signifie pas effacer les identités, mais les comprendre, les respecter, et voir au-delà.

Ce n'est pas facile de changer les mentalités, mais cela commence par des actions simples :

Respect mutuel : Traiter chaque personne avec dignité, indépendamment de son apparence ou de ses origines.

Écoute active : Prendre le temps d'écouter sans préjugés, en cherchant à comprendre plutôt qu'à répondre.

Soutien réel : Offrir de l'aide ou un mot bienveillant à ceux qui en ont besoin, sans attendre de reconnaissance en retour.

Sensibilisation : Parler des sujets qui divisent avec ouverture et empathie pour favoriser le dialogue.

Ces gestes, bien que discrets, peuvent transformer des vies. Ils peuvent ouvrir des dialogues, guérir des blessures invisibles, et construire un monde où chacun peut être lui-même sans crainte.

J'écris pour m'évader, mais aussi pour vous, jeunes et moins jeunes, qu'importe votre couleur, noire ou blanche. Nous pouvons encore vivre ensemble. Ce n'est pas trop tard. Chaque jour est une opportunité de changer les perspectives, de briser les clichés, et de croire en un avenir où chaque nuance est une force.

Je rêve d'un monde où un simple sourire peut désarmer la haine, où un mot gentil peut effacer les préjugés. Ce rêve peut sembler utopique, mais il commence ici et maintenant, avec nous tous. Changer le monde commence par changer nos regards.

Après avoir exploré la manière dont nos différences peuvent autant nous séparer que nous enrichir, une question demeure : comment avancer malgré ces clivages ? Comment transformer en force ce qui, trop souvent, sert à nous diviser ? À ce stade de notre cheminement, il ne s'agit plus seulement de reconnaître et d'accepter nos singularités, mais de comprendre comment elles peuvent nous aider à atteindre nos objectifs, à tracer notre route vers la réussite.

Car au-delà des défis liés à notre couleur de peau, à notre identité ou à notre histoire, nous rêvons tous d'accomplissement, de ce sentiment profond d'être à la bonne place. Et c'est précisément ce pas suivant que nous allons aborder.

Sur le chemin du succès...

"Peu importe la lenteur avec laquelle vous avancez, tant que vous ne vous arrêtez pas."— *Confucius*

Cette lueur qui murmure à chaque écho, ce rêve partagé par tous, peut parfois provoquer de la peur. Si, par hasard, vous ne ressentez aucune crainte face à ce rêve, peut-être ne connaissez-vous pas encore pleinement qui vous êtes, ni ce que vous voulez vraiment. Même si ce trésor peut sembler effrayant, dans les moments les plus sombres, le sommet reste une aspiration, peu importe le prix à payer. Les façons de penser peuvent changer dans le processus, mais l'objectif demeure ferme, telle une étoile lointaine éclairant la nuit de nos espoirs.

C'est dans cet espace, entre nos doutes et nos aspirations, qu'un choix s'offre à nous : persévérer ou renoncer, agir ou patienter. Faire ce pas demande détermination et sincérité envers soi-même. Il ne suffit pas de rêver ; il faut aussi transformer nos désirs en actions concrètes, jour après jour, pour espérer atteindre ce but si cher à notre cœur.

Parfois, la meilleure façon d'avancer réside dans la persévérance du quotidien : se lever un peu plus tôt pour travailler sur un projet personnel, réviser avec soin avant un examen, ou prendre le temps de réfléchir à ce que l'on souhaite réellement accomplir. Le chemin vers la réussite n'est jamais parfaitement linéaire, et nos erreurs en sont une partie intégrante. L'essentiel est d'oser faire le premier pas, puis un autre, sans se laisser abattre par les obstacles ni les critiques. Le succès se bâtit ainsi, pierre après pierre, souvent loin du regard des autres.

Si vous voulez réussir, arrêtez d'en parler à tout le monde et vivez-la avec sérénité. Les autres ne sont pas nécessairement sensibles à vos plaintes, et personne ne pourra vous aider exactement comme vous le souhaitez. Certains guettent vos faux pas, d'autres espèrent que vous échouiez. Mais rappelez-vous : vous êtes le seul maître de votre vie.

Décidez, dès maintenant, de ne plus dépendre du regard d'autrui. Ne vous apitoyez pas sur vous-même comme si vous étiez la personne la plus malchanceuse au monde ; ne racontez pas sans cesse ce qui ne va pas. Gardez plutôt à l'esprit que, quelle que soit l'ampleur de vos problèmes, quelqu'un, quelque part, est en train de traverser la même épreuve ou l'a déjà surmontée.

Savez-vous qu'il est impossible d'être constamment heureux ? La souffrance fait aussi partie de la vie. Pourtant, elle peut devenir un moteur de changement, de résilience et de découverte de nos forces intérieures, à condition de cultiver la positivité. Souvent, c'est dans l'adversité que nous prenons conscience de nos réelles capacités. Un échec, une maladie, ou même une trahison peuvent nous aider à mieux nous connaître, à fixer de nouvelles limites ou à revoir nos priorités.

Restez toujours positif, car souvent de petites déceptions engendrent de grandes amertumes. Nous nous y attachons, blâmant les circonstances ou les personnes responsables, sans réaliser que cette attitude nous empêche de rebondir et de voir de nouvelles opportunités. La frustration engendre la frustration, alors qu'un état d'esprit positif se renouvelle plus facilement et nous offre la possibilité d'aller de l'avant.

Être en bonne santé fait partie de la vie, tout comme tomber malade. Échouer à un examen fait partie du parcours, tout comme réussir. Être positif ne signifie pas nier l'existence des difficultés, mais plutôt reconnaître qu'elles ont un rôle à jouer et qu'elles finiront par passer. Concentrez-vous sur votre progression personnelle, car la réussite n'est jamais bien loin !

Après avoir exploré les multiples défis de la vie et la nécessité de prendre des décisions fermes pour avancer vers le succès, il est temps de nous pencher sur une autre dimension essentielle : notre lien avec ce qui nous dépasse. Qu'on le nomme Énergie créatrice, Force supérieure, ou principe surnaturel, beaucoup trouvent, dans la spiritualité, un puissant moteur de transformation. Dans ce chapitre, nous verrons comment cette espérance peut agir au plus profond de notre quotidien, nous relever dans nos moments les plus sombres et nous conduire vers une forme de renaissance spirituelle.

L'espérance divine...

"La foi, c'est faire le premier pas même quand on ne voit pas tout l'escalier."

— *Martin Luther King Jr.*

Sur le chemin de la foi et du renouveau,

J'étais l'un d'entre eux sans le savoir. Je menais cette vie de débauche sans m'en rendre compte : Ma connexion spirituelle était irrégulière, je savais pourtant que je m'éloignais de l'Énergie créatrice, mais je continuais à m'enfoncer un peu plus. Je regrettais parfois mes actes, mais je les répétais, en me disant chaque fois que j'allais changer, sans jamais prendre la décision ferme de le faire. Je ne vivais pas selon la volonté de ce principe surnaturel qui, pourtant, veille sur l'univers.

Pourtant, la vie est un mélange complexe de bien et de mal, de bonté et de méchanceté, et à chaque instant, nous sommes libres de choisir. La Force supérieure nous laisse cette liberté tout en nous conseillant, au fond de notre conscience, de suivre le chemin du bien. Alors, pourquoi nous entêtons-nous parfois à marcher dans l'ombre ? Pourquoi écoutons-nous ceux qui ne se connaissent même pas eux-mêmes ? Pourquoi prendre le risque de suivre aveuglément des gens qui ignorent ce que demain leur réserve ?

Dans ce monde, nombreux sont ceux qui doutent de l'existence d'une présence surnaturelle. Acceptons un instant leur point de vue. Pour ceux qui croient en l'Énergie créatrice, qu'y a-t-il à perdre ? Peut-être un peu de temps passé à la prière ou à confier nos joies et nos peines à quelque chose de plus grand que nous. En réalité, ce temps n'est jamais perdu : il nous procure un refuge, un soutien moral, un confident dont nous avons tous besoin. Et si, comme je le crois, cette Force supérieure existe réellement, alors nous y gagnons tout : une protection, un guide, un amour inconditionnel. Mais qu'en est-il de celui qui n'y croit pas ? Peut-être découvrira-t-il, avec regret, qu'il est passé à côté de la seule chose capable de combler ses vides intérieurs.

Une nouvelle naissance dans la foi !

Aujourd'hui, je suis une personne transformée. J'ai finalement pris la décision ferme de changer, de revoir mes priorités, de m'abandonner à cette Énergie créatrice qui me connaît mieux que je ne me connais moi-même. Au moment de faire ce choix, j'ai ressenti un mélange paradoxal de peur et de soulagement. La peur de quitter ce que je connaissais jusqu'alors, même si c'était une vie bancale et pleine de remords. Le soulagement, parce que je pressentais qu'une nouvelle porte s'ouvrait devant moi, laissant entrevoir la possibilité d'une paix intérieure que je ne pensais pas possible.

Chaque jour, je dépose entre Ses mains mes peurs, mes secrets, mes peines et mes joies. Mais prendre cette décision ne s'est pas fait sans doute : je me demandais si j'avais la force d'aller jusqu'au bout, si j'allais supporter le regard des autres ou le mien. Pourtant, plus j'avance, plus je sens une Force supérieure me soutenir, me rappelant que je ne suis pas seul. Je suis né de nouveau, prêt à m'ouvrir pleinement à cette relation intime avec le surnaturel.

Frères, sœurs, amis, parents : peu importe votre âge ou votre parcours, nous avons tous besoin de croire en quelque chose de plus grand que nous. Pour ma part, j'ai choisi de croire en moi-même parce que je suis convaincu que l'Énergie créatrice m'habite. Dans les moments de solitude ou de doute, je me tourne vers elle. Dans les moments de joie, je ressens une profonde gratitude. Elle est la seule à pouvoir réellement nous aider, puisqu'Elle sait ce dont nous avons profondément besoin.

De la vie de débauche à l'espérance !

Se détourner de la débauche ou de mauvaises habitudes ne se limite pas à un « effort » moral. Il s'agit aussi de reconnaître que nous avons besoin d'une Force supérieure pour nous relever et nous soutenir. En apprenant à vivre selon la volonté de cette présence surnaturelle, je constate que mes choix et mes priorités se transforment peu à peu. Je retrouve une paix intérieure, je redécouvre l'importance de la méditation ou de la prière, et je me sens, paradoxalement, plus libre que jamais.

Bien sûr, les épreuves ne disparaissent pas du jour au lendemain. Les doutes, les pressions extérieures, ou même les tentations sont toujours là. Mais l'espérance que m'apporte cette Énergie créatrice me donne la certitude qu'il y a un sens à mes combats. Au lieu de me sentir écrasé, je perçois chaque difficulté comme une étape, une occasion de grandir et de me rapprocher davantage d'Elle.

Un appel universel !

Au fond, ce message s'adresse à tous, qu'ils adhèrent ou non à l'idée d'une présence surnaturelle. Nous cherchons tous à donner un sens à nos moments de joie comme à nos heures sombres. Chacun est libre de suivre la voie qui lui semble juste, mais je vous invite à considérer cette relation avec la Force supérieure : si, comme moi, vous découvrez un jour qu'Elle est bien réelle, vous n'aurez rien perdu et tout gagné. Peut-être que, demain, vous vous direz : « J'étais l'un d'entre eux sans le savoir ». Il n'est jamais trop tard pour emprunter la voie du renouveau spirituel, même lorsque la peur ou l'incertitude semble prendre le dessus.

À présent, je sais que les remords de mon ancienne vie et le malaise que je ressentais étaient autant de signaux m'indiquant que je me trouvais sur la mauvaise route. À partir du moment où j'ai enfin pris une décision ferme, j'ai senti en moi un changement profond : plus de détermination, moins de culpabilité, plus d'espérance.

Que cette Force supérieure nous sauve et nous accompagne sur ce chemin de foi... Paix.

Conclusion...

"Cela semble toujours impossible, jusqu'à ce qu'on le fasse."— Nelson Mandela

Écrire ce Mini-livre était un défi. Je savais que c'était ce que je voulais faire, que ces mots devaient être posés sur le papier, mais la route pour y parvenir n'a pas été simple. Entre le doute, la paresse et parfois le manque de motivation, il m'a fallu du temps pour réellement avancer. Parfois, on sait exactement ce que l'on veut accomplir, mais la difficulté réside dans le passage à l'action.

J'ai compris que rien ne se fait sans effort, que toute chose demande un engagement réel et une volonté inébranlable. Ce Mini-livre est la preuve que lorsqu'on veut vraiment quelque chose, et qu'on s'y accroche malgré les obstacles, cela devient possible.

Si j'ai pu le faire, alors vous aussi, vous pouvez réaliser ce qui vous tient à cœur. Peu importe le temps que cela prendra, peu importe les épreuves qui se dresseront sur votre chemin, gardez cette certitude : ce qui semble impossible aujourd'hui deviendra un jour une réalité.

"Le seul voyage est celui qui mène à l'intérieur de soi."— Rainer Maria Rilke

La vie est un voyage ponctué de choix, de défis et de découvertes pour nous jeunes. À travers ces écrits, j'ai partagé des réflexions qui, je l'espère, résonneront avec vous. Ce voyage a été une manière de mettre des mots sur des sentiments et des défis que nous partageons tous à différents moments de nos vies. Mon souhait est que ce livre soit plus qu'une simple lecture pour vous : qu'il devienne une source d'inspiration, un guide ou même un écho à vos propres questionnements.

"Ce n'est pas parce que les choses sont difficiles que nous n'osons pas, c'est parce que nous n'osons pas qu'elles sont difficiles." Sénèque

La vie est un chemin, parfois difficile, souvent imprévisible, mais toujours rempli d'opportunités d'apprendre et de grandir. Ce qui compte, ce n'est pas seulement où nous allons, mais comment nous choisissons de marcher : avec courage, foi et persévérance. Chaque pas que vous faites, aussi petit soit-il, est une victoire.

Souvenez-vous : vous avez en vous la force de transformer votre réalité, de choisir vos priorités et de trouver votre propre lumière. Peu importe les obstacles ou les doutes, ne perdez jamais de vue cette vérité essentielle :

le changement commence toujours par une décision ferme.

Merci d'avoir parcouru ce livre avec moi. Que cette énergie créatrice, cette force supérieure qui guide l'univers, vous accompagne à chaque étape de votre chemin.

Avec tout mon respect et mon espoir,

Wisdom...

Comme un espace intime pour dialoguer avec vous-même, Cette page vous appartient. Laissez-la être le reflet de ce que ce livre a éveillé en vous—une pensée une émotion, une leçon à retenir

... ✒ ...

Biographie de l'auteur...

AGBOVE Mawuto Wisdom, souvent appelé ***Wisdom***, est un jeune auteur passionné par l'art sous toutes ses formes. Né en 1998 à Lomé, au Togo, il vit actuellement à Chypre, où il continue d'explorer ses nombreuses passions, notamment l'écriture, la réflexion sur la vie, le développement personnel, l'audiovisuel et le design.

Profondément influencé par ses origines togolaises, par les personnes qui l'entourent et par ceux pour qui il éprouve une admiration particulière, Wisdom puise également son inspiration dans ses propres expériences et dans les principes du développement personnel. Ce livre est né de son désir de coucher sur papier ses pensées et ses vécus pour transmettre un message d'espoir. Il s'adresse particulièrement aux jeunes, pour leur rappeler qu'ils ne sont pas seuls face aux défis qu'ils rencontrent, tout en leur offrant des pistes de réflexion et des conseils pratiques.

Avec pour ambition de marquer et changer quelque chose de positif dans ce monde, Wisdom prévoit d'écrire d'autres livres et d'élargir son champ d'exploration vers de nouveaux horizons, comme la science-fiction ou le cinéma. Il rêve de continuer à inspirer, à raconter des histoires, et à développer des projets créatifs à travers divers supports.

Ambitions...

Mon aventure ne s'arrête pas à l'écriture. J'ai également une passion pour l'audiovisuel, notamment le cinéma, et je rêve d'explorer cet univers fascinant. Que ce soit comme acteur ou apprenant à maîtriser les coulisses et les rouages de ce milieu, je suis prêt à m'investir pleinement pour découvrir et contribuer à ce domaine.

Si vous êtes dans l'industrie du cinéma, de l'audiovisuel ou du design, et que vous souhaitez m'aider à faire mes pas, je serais honoré d'échanger avec vous. Je suis ouvert à toute collaboration, apprentissage ou opportunité qui pourrait m'aider à approfondir mes connaissances et à progresser dans cet univers créatif.

Ensemble, nous pourrons bâtir des projets qui marqueront et inspireront. Je suis convaincu que les rêves se réalisent lorsque nous osons faire les premiers pas et nous entourer des bonnes personnes. Merci à ceux qui croient en l'art, en la créativité et en la puissance des connexions humaines.

Pour échanger avec Wisdom ou collaborer avec lui sur des projets, vous pouvez le contacter à :

Email : agbovewilly@gmail.com

Téléphone : +357 96708018

Projets à venir...

1 "Akuwah envahie par les aliens"

(Une fiction interstellaire, une odyssée sur le destin et les choix)

📖 *Extrait :* " Imany est un jeune être (Alien) venu d'ailleurs, orphelin de père et de mère. Il vit avec sa communauté dans un lieu hors du temps, un royaume suspendu entre les étoiles : Gastal. Depuis plus de six mille ans, cet univers a prospéré, mais aujourd'hui, il vacille, au bord du chaos. Deux peuples que tout oppose, deux civilisations aux valeurs divergentes, tentent de trouver un équilibre fragile. La rencontre de leurs destins marquera-t-elle leur chute ou leur renaissance ?"

À travers ce voyage, ce livre explorera le poids des héritages, la force des choix et l'espoir d'un avenir meilleur. Entre différences culturelles, amitié et loyauté, il interroge notre capacité à construire ensemble, malgré tout...

2"NOUKOUNOU "

(Quand les ancêtres murmurent à l'oreille des vivants, les divinités de chez nous.)

📖 *Extrait :* " Alors que le ciel s'assombrit et que le vent commence à hurler, une pluie lourde s'annonce, bientôt suivie de tornades menaçantes. Sous le grand baobab, les sages, les jeunes et les enfants qui discutaient insouciamment se lèvent précipitamment pour rentrer chez eux.

Mais Zayi, le sage respecté, s'écrie d'une voix forte :

« hahaha, Vous fuyez, si seulement si vous saviez, vous vous Déshabilleriez et remercierez les ancêtres, car ce jour marque la fin d'une ère et le commencement d'une autre... Rentrez chez vous, ignorants que vous êtes ! »"

Dans ce récit, je plongerai au cœur de la **spiritualité africaine**, une vision du monde où les ancêtres, les éléments et les rites rythment la vie des hommes. Je parlerai aussi de **la vie en communauté**, de ses liens sacrés, mais aussi de ses trahisons et de ses épreuves. À travers les histoires de chez nous, entre croyances, traditions et réalités du quotidien, se dévoilera une fresque où le passé et le présent s'entremêlent.

Made in the USA
Columbia, SC
13 April 2025